YO-CMI-623

En marcha: Migraciones animales

Animales migratorios: En el agua

por Susan Labella

Consultora de lectura:
Susan Nations, M.Ed.
autora/tutora de alfabetización/consultora

Consultora de ciencias y contenido curricular:
Debra Voege, M.A.
maestra de recursos curriculares de ciencias y matemáticas

WEEKLY READER®
PUBLISHING

Please visit our web site at: www.garethstevens.com
For a free color catalog describing our list of high-quality books,
call 1-800-542-2595 (USA) or 1-800-387-3178 (Canada).

Library of Congress Cataloging-in-Publication Data available upon request from publisher.

ISBN-13: 978-0-8368-8426-5 (lib. bdg.)
ISBN-10: 0-8368-8426-4 (lib. bdg.)
ISBN-13: 978-0-8368-8431-9 (softcover)
ISBN-10: 0-8368-8431-0 (softcover)

This edition first published in 2008 by
Weekly Reader® Books
An imprint of Gareth Stevens Publishing
1 Reader's Digest Road
Pleasantville, NY 10570-7000 USA

Copyright © 2008 by Gareth Stevens, Inc.

Spanish translation: Tatiana Acosta and Guillermo Gutiérrez

Photo credits: Cover: © Photodisc/Business & Industry, Vol.1; p.4-21: © Photodisc/Techno Finance; cover: Natalie Fobes/Corbis; p.4-5: Image State/Jupiter Images; p.6: Jeff Rotman/Getty Images; p.7: David Nunuk/Getty Images; p.8: AFP/Getty Images; p.9 SeaPics; p.11: Digital Vision/Getty Images; p.12: Paul Jenkins/Animals Animals; p.13: Kami Strunsee/© Weekly Reader Early Learning Library; p.14: Bruce Watkins/Animals Animals; p.15: Frans Lanting/Minden Pictures; p.17: Natalie Fobes/Corbis; p.18: Leigh Haeger for Weekly Reader; p.20: SeaPics; p.21: Leigh Haeger for Weekly Reader

All rights reserved. No part of this book may be reproduced, stored in a retrieval system, or transmitted in any form or by any means, electronic, mechanical, photocopying, recording, or otherwise, without the prior written permission of the copyright holder.

Printed in the United States of America

1 2 3 4 5 6 7 8 9 11 10 09 08 07

Contenido

¿Por qué migran los animales?. 4

Capítulo 1 Misterios de la migración 6

Capítulo 2 En busca de alimento 10

Capítulo 3 Un lugar seguro para las crías. 12

Capítulo 4 Viajeros de por vida. 16

A destacar: El mar de los Sargazos. .20

Glosario 22

Más información 23

Índice 24

Cubierta y portada: Los salmones recorren a nado grandes distancias para regresar al lugar donde nacieron.

¿Por qué migran los animales?

Bajo la superficie de las aguas de todo el mundo, animales de todo tipo, enormes y diminutos, van de un lugar a otro. Están realizando **migraciones**.

Una migración es un viaje que se hace regularmente. La mayoría de los animales migran en busca de comida, para aparearse y tener crías o para buscar un clima mejor.

Algunos animales recorren largas distancias en sus migraciones. Ciertos animales muy pequeños llegan incluso a desplazarse distancias muy cortas. Los animales pueden emplear meses, o incluso una vida, en completar sus migraciones. Las ballenas grises pasan meses viajando. Los salmones convierten toda su vida en una migración. Algunos animales hacen un viaje de ida y vuelta cada noche.

Las tortugas marinas recorren grandes distancias en sus migraciones.

Capítulo 1
Misterios de la migración

¿Cómo son capaces algunos peces y reptiles de localizar un lugar lejano en el que encontrarán el alimento que necesitan para crecer y desarrollarse? ¿Cómo encuentran algunos peces adultos el camino de vuelta al lugar exacto donde nacieron, a cientos o miles de millas de distancia? ¿Qué guía a los grandes tiburones blancos en busca de **presas** hasta los territorios de reproducción de las focas? ¿Por qué algunos mamíferos marinos siguen un patrón de desplazamiento desde aguas frías a aguas templadas para aparearse y parir a sus crías?

Los tiburones recorren muchas millas en busca de alimento.

Todos estos son misterios de la migración. Los científicos no siempre saben con seguridad qué indica a los animales acuáticos cuándo migrar o dónde ir. Los expertos piensan que la temperatura, la cantidad de luz solar o los **relojes internos** de los animales pueden indicarles cuándo ponerse en marcha. Los expertos opinan que, una vez iniciado el viaje, la dirección del viento, las corrientes de agua e incluso el sentido del olfato pueden guiar a los animales en su camino.

Los salmones, que regresan a desovar a los arroyos donde nacieron, tienen que sobrevivir a depredadores como las águilas, los osos y los gatos monteses.

Recientemente, millones de medusas gigantes han estado migrando hacia el mar de Japón. Los expertos quieren saben por qué. Algunos piensan que estos animales, de 6 pies (2 metros) de ancho y 400 libras (181 kilogramos) de peso, han seguido las corrientes oceánicas desde aguas cerca de China. Otros opinan que el aumento de la temperatura del agua debido al calentamiento global es la causa de que las medusas se reproduzcan más y de que su número haya aumentado cerca de Japón. Estos gigantescos animales están causando problemas. Quedan atrapados en las redes de pesca, ocupando el espacio de

La medusa gigante nada absorbiendo agua en el interior de su cuerpo y luego impulsándola como un chorro. También flota siguiendo las poderosas corrientes oceánicas.

los peces que los pescadores buscan.

Las langostas espinosas viven en el fondo del océano, en aguas poco profundas. Se ocultan entre los arrecifes de coral durante el día, y salen a buscar alimento por la noche. En otoño, cuando bajan las temperaturas, grandes grupos de langostas migran a aguas más templadas. Estas langostas espinosas siguen a un líder, caminando en **filas** por el fondo del mar. La antena de cada langosta toca a la langosta que camina delante, para no perder contacto con el grupo

Las langostas se turnan para ser líder en la fila. Es como si supieran que tienen que compartir el trabajo.

Capítulo 2

En busca de alimento

Por lo general, ejemplares de gran tiburón blanco nadan cerca de las costas de California para alimentarse de focas o leones marinos. Recientemente, los científicos que estudian a estos tiburones de 2,500 libras (1,134 kg) de peso han descubierto que estos animales se desplazan mucho más lejos de lo que se pensaba. Cuando se acerca el invierno, los tiburones migran hacia aguas oceánicas profundas, donde permanecen durante varios meses.

Cuando se aleja de la costa, el gran tiburón blanco hace muchas inmersiones a gran profundidad.

¡Un tiburón realizó una migración de unas 2,200 millas (3,500 kilómetros) hasta Hawai, donde permaneció todo el invierno y la primavera! ¿Por qué migran los tiburones hacia aguas más profundas? Los científicos piensan que puede ser para el apareamiento o por un cambio en la alimentación.

En las costas de África del Sur viven también muchos ejemplares de gran tiburón blanco. Los científicos siguieron a uno, al que llamaron Nicole, ¡que recorrió 12,400 millas (casi 20,000 kilómetros) desde África del Sur hasta Australia y vuelta!

AMÉRICA DEL NORTE

ASIA

ÁFRICA

AMÉRICA DEL SUR

OCÉANO ÍNDICO

AUSTRALIA

Ruta de Nicole

Capítulo 3

Un lugar seguro para las crías

Muchos animales hacen migraciones para buscar un lugar seguro donde tener a sus crías. Para ello pueden realizar largos viajes, abandonando lugares donde la comida es abundante. Las ballenas grises pasan el verano en las frías aguas del mar de Bering, alimentándose del diminuto **krill**, unos animales parecidos a los camarones. El mar de Bering tiene una gran abundancia de alimento. Las ballenas acumulan una **grasa** que les proporciona

¡Las ballenas grises recorren entre 3,000 y 4,000 millas (4,800 a 6,400 kilómetros) para llegar a lagunas de aguas templadas! ¡El largo viaje de regreso lo hacen la madre y su cría!

la energía que necesitarán en su migración. En octubre, grupos de ballenas grises inician su viaje. Abandonan las aguas frías y nadan hacia el sur, en dirección a las **lagunas** de agua templada de México. Para llegar a la seguridad de las lagunas, las ballenas nadan de dos a tres meses. En las lagunas hay menos comida, pero el agua templada es apropiada para que los animales tengan sus crías. En primavera, las ballenas regresan a las aguas frías de sus zonas de alimentación. Allí comen abundantemente durante todo el verano, y acumulan la grasa necesaria para la nueva migración en el otoño.

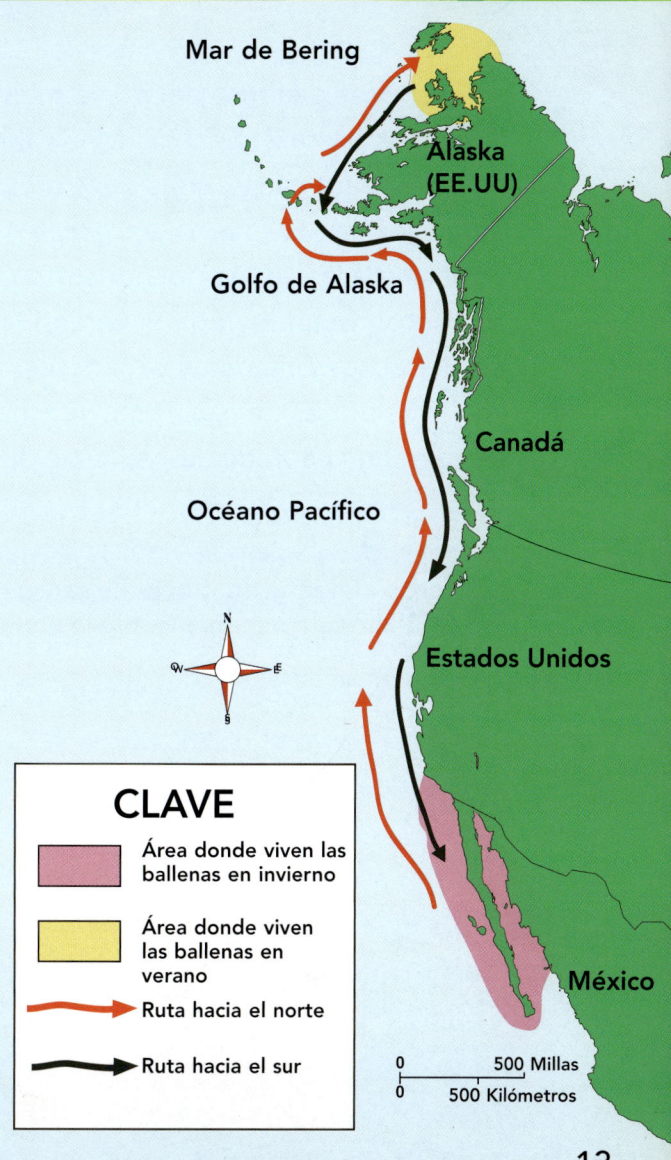

CLAVE

- Área donde viven las ballenas en invierno
- Área donde viven las ballenas en verano
- ➤ Ruta hacia el norte
- ➤ Ruta hacia el sur

Las focas elefante del norte migran dos veces al año, ¡y llegan a recorrer hasta 21,000 millas (33,800 kilómetros)! En enero, las hembras paren a sus crías en islotes de las costas de California o de México. En marzo, los adultos abandonan allí a las crías y vuelven a las aguas del nordeste del Pacífico, en busca de alimento. Cuando llega el verano, después de haberse saciado de deliciosos calamares y mariscos, las focas migran de nuevo hacia los islotes del sur. Esta vez, hacen una **muda**, en la que pierden una capa de su piel o pelo. Después de la muda, las

Las focas elefante del norte llegan a recorrer hasta 21,000 millas (33,800 kilómetros) en sus migraciones dobles.

focas regresan al norte. Allí buscan alimento buceando a gran profundidad en las frías aguas, hasta que es tiempo de iniciar de nuevo su ciclo de doble migración.

Las focas elefante van a la orilla para la muda. Después les vuelven a crecer gradualmente nuevas capas de piel y pelo.

Capítulo 4

Viajeros de por vida

Algunos animales pasan la vida en una continua migración. La mayoría de los peces viven en agua salada o en agua dulce. Los salmones viven en los dos tipos de agua. Las crías salen de los huevos en arroyos de agua dulce y fría. Allí pasan de varios meses a un año, y se desarrollan alimentándose de insectos. Entonces, los peces jóvenes, llamados **esguines**, nadan hacia el mar. Allí pasan de uno a cinco años, alimentándose y recorriendo miles de millas de agua salada. Cuando están completamente desarrollados, abandonan el océano para regresar a los arroyos donde nacieron. Los salmones tienen que ser capaces de recordar los olores que conocieron cuando eran esguines, y que los guiarán "de vuelta a casa". El viaje de los salmones a sus aguas originales puede ser duro. Tienen que avanzar río arriba luchando contra las fuertes corrientes. A veces deben saltar fuera del agua para sobrepasar un obstáculo. Depredadores, como los osos, esperan en los arroyos para atrapar a los viajeros.

Los peces usan sus últimas energías para **frezar** en los arroyos donde nacieron. Después, mueren. En pocos meses, nuevos salmones nacerán para comenzar el ciclo de nuevo.

Los salmones jóvenes reciben el nombre de esguines. Los salmones pasan varios años en el océano.

Las tortugas bobas, unas tortugas marinas, nacen de huevos depositados en nidos en las playas desde Carolina del Norte a Florida. Las recién nacidas, que miden entre una y dos pulgadas, corren hacia el mar y, una vez en el agua, nadan tan rápido como pueden. Una poderosa corriente marina pasa junto a la costa este de Estados Unidos. Esta corriente lleva a las tortugas hacia el mar de los Sargazos. Este "mar" es, en realidad, una masa de agua que se mueve lentamente y en cuyo centro crece una enorme cantidad de algas. La temperatura templada del agua y la abundancia de comida hacen que sea el lugar perfecto para que las crías crezcan. Algunas tortugas permanecen allí durante diez años.

Vida migratoria de las tortugas bobas

CLAVE

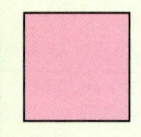

Zonas de nidificación de las tortugas bobas

AMÉRICA DEL NORTE — Las crías, llevadas por la corriente del Golfo, llegan al mar de los Sargazos.

OCÉANO ATLÁNTICO — Las pequeñas tortugas pueden vivir en el mar de los Sargazos hasta 10 años.

EUROPA — Algunas tortugas jóvenes siguen las corrientes hacia el este, a las islas Azores, donde viven otros 10 años.

ESTADOS UNIDOS

MAR DE LOS SARGAZOS

Las tortugas adultas siguen las corrientes de vuelta al lugar donde nacieron.

ÁFRICA

Muchas tortugas marinas siguen la corriente hacia el este, y se reúnen cerca de las Azores, unas islas portuguesas. Después, seguirán otra corriente para viajar hacia el oeste, atravesando el Atlántico, y regresarán a las aguas donde nacieron para alimentarse y convertirse en adultos. Cuando las hembras tienen de 20 a 30 años de edad, se aparean y depositan sus huevos en la misma playa donde nacieron.

Un nuevo grupo de tortuguitas se apresurará para llegar al mar.

El mar de los Sargazos también es el lugar de destino de otros animales migratorios. Algunas anguilas comienzan aquí su vida como **larvas**. Las larvas se mueven con la corriente durante unos tres años. En ese tiempo, van cambiando hasta convertirse en unas diminutas y transparentes crías de anguila llamadas angulas.

Cuando llegan a Europa, muchas de las angulas penetran en el agua dulce de los ríos nadando contra corriente. Allí se alimentan y crecen. Durante los años siguientes, entre diez y catorce, las anguilas alcanzan su máximo tamaño.

Después, comienzan una migración de regreso al mar de los Sargazos. Las resueltas anguilas pueden viajar durante horas por tierra si necesitan superar ese obstáculo para llegar al océano. Grupos de anguilas, ahora de color plateado, alcanzan el mar de los Sargazos para aparearse. Tras el apareamiento y la puesta, las anguilas adultas mueren. Nuevas larvas salen de los huevos y comienzan su largo viaje.

A destacar: El mar de los Sargazos

El salado mar de los Sargazos, en el centro del Atlántico norte, está rodeado de fuertes corrientes. Sus templadas aguas constituyen un buen hábitat para algunos animales.

Los científicos afirman que en el mar de los Sargazos se produce una migración diaria. Cada noche, una nube de millones de pequeñísimos animales se desplaza. La nube está formada por krill, parecidos a diminutos camarones, crías de cangrejo y crías de anguila, además de otros animales que sólo podemos ver con un microscopio.

Ballenas y otros animales oceánicos se alimentan de krill, un animal parecido al camarón.

Estos animales forman una gruesa capa similar a una alfombra bajo el mar. Por la noche, esa capa sube a la superficie para que los animales puedan alimentarse de las pequeñas plantas que allí viven. Por la mañana, la capa regresa a las profundidades. Los científicos piensan que esta **migración vertical** ocurre durante la noche para evitar a los depredadores.

Animales como el krill, las larvas de cangrejo y caracoles sin concha se desplazan entre el fondo y la superficie del mar de los Sargazos.

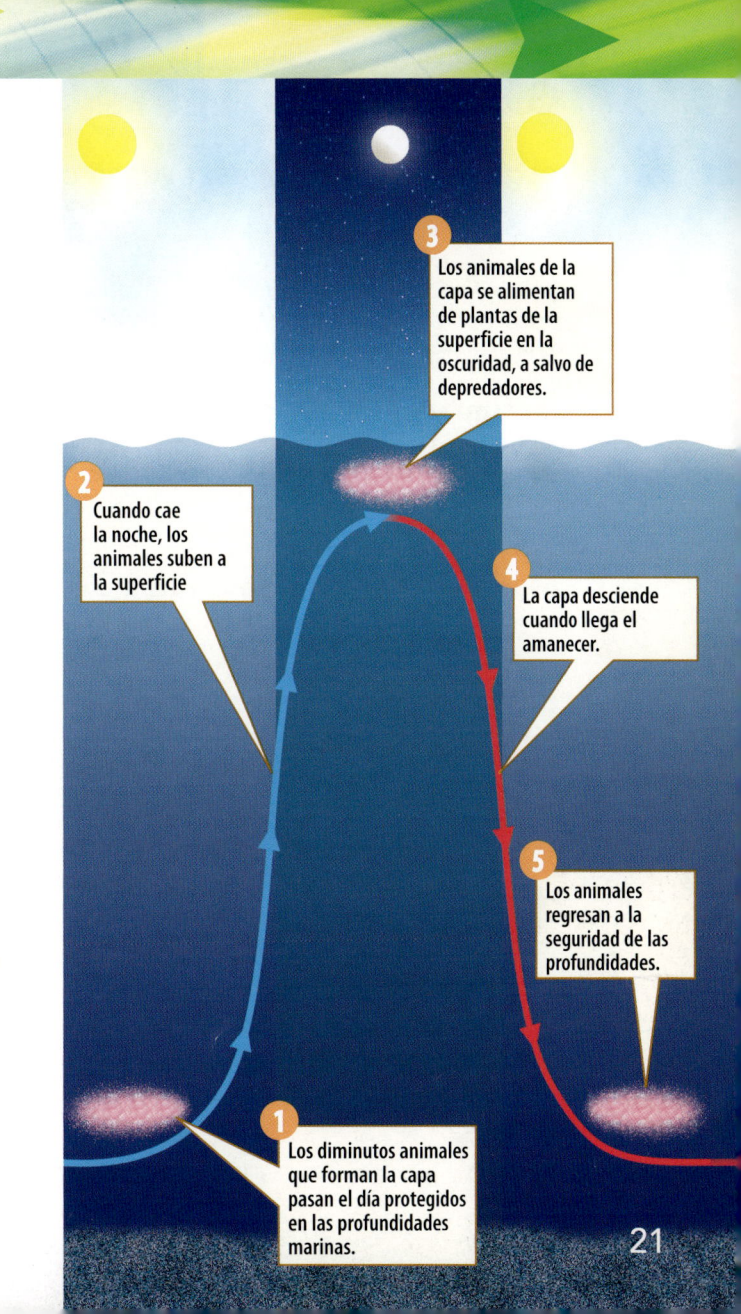

1 Los diminutos animales que forman la capa pasan el día protegidos en las profundidades marinas.

2 Cuando cae la noche, los animales suben a la superficie.

3 Los animales de la capa se alimentan de plantas de la superficie en la oscuridad, a salvo de depredadores.

4 La capa desciende cuando llega el amanecer.

5 Los animales regresan a la seguridad de las profundidades.

Glosario

esguines — salmones jóvenes con escamas plateadas cuando inician su viaje hacia el mar

fila — conjunto de cosas alineadas

frezar — depositar huevos

laguna — masa poco profunda de agua separada del mar

migración vertical — migración que se produce de arriba a abajo

muda — pérdida de la capa exterior, que es reemplazada por una nueva

presa — animal que sirve de alimento a otro

reloj interno — señales internas que le indican al cerebro de un animal cuándo comer, dormir, migrar, etc.

Más información

Libros

Animals That Migrate. Animals (series).
  Carmen Bredeson (Franklin Watts)

Animals Migrating: How, When, Where, and Why Animals Migrate.
  Animal Behavior. Etta Kaner (Kids Can Press Ltd.)

Think of an Eel. Karen Walker (Read and Wonder)

Índice

anguila 19
ballena gris 12, 13
ballena 12
esguines 16, 17
foca elefante del norte 14, 15
foca 10, 14, 15
frezar 17
gran tiburón blanco 10, 11
grasa 12
krill 12, 21

langosta 9
león marino 10
mar de los Sargazos 18, 19, 20, 21
medusa 8
muda 14, 15
salmón 3, 7, 16, 17
tiburón 10, 11
tortuga boba 18, 19
tortuga marina 5, 18

Información sobre la autora

Susan Labella ha sido maestra y correctora de libros infantiles. Recuerda cuando veía a los gansos salvajes volar hacia el sur en invierno y se preguntaba cómo sabían a dónde ir. Hoy, a Susan le encanta escribir libros para niños.